Louis BOUVET

Un Comte...
à dormir debout

OPÉRETTE-BOUFFE EN UN ACTE

CRÉÉE AU CASINO DE MONTE-CARLO

Musique d'Eugène PONCIN

3 H. — 2 F.

PARIS

C. JOUBERT, Editeur, 25, rue d'Hauteville

Répertoire de la Société lyrique

d'audition, de représentation, d'arrangement et de traduction réservés

C. JOUBERT Succʳ, ÉDITEUR DE MUSIQUE

PARIS. — 25, Rue d'Hauteville, 25. — PARIS

REPERTOIRE DES OUVRAGES DE CONCERT, EN UN ACTE
Faisant partie du répertoire de la **SOCIÉTÉ LYRIQUE**

ABRÉVIATIONS : **LOC**, veut dire : La Musique n'est qu'en location et ne se vend pas
S. M. Signifie Pièce sans musique

Les prix indiqués dans la colonne des « Prix nets » signifient qu'il existe une partition piano et chant qui est mise en vente au prix indiqué

AUTEURS	TITRES DES ŒUVRES	Hommes	Femmes	PRIX net
D. Campisiano	Absalon	2	1	6 »
E. Fourrier	Accordeur (L')	2	3	s.m.
Guillemaud	Adrien n'aime pas le Piano	3	1	s.m.
Vallès-Garnier	Affaire Cœurdeveau (L')	5	1	s.m.
Daniel Jourda	Affaire de Bourse	4	2	s.m.
Selder	Affaire Mauge (L')	3	2	s.m.
St-Paul-G. Rose fils	Agence est au-dessus (L')	3	3	s.m.
F. Bernicat	Agence Rabourdin (L')	1	1	5 »
Alex.-Roger Darval	Agent 42 (L')	1	2	s.m.
Douglas, Mauprey	Ah! mon Colon!	4	2	s.m.
L. Bouvet-F. Muffat	Ah! la chouett' revue	4	4	loc.
Tapy	A huitaine	troupe	»	5 »
Alex.-Roger Darval	Aïe! J'ai peloté ma belle-mère	5	4	s.m.
St-Paul-Rose fils	Air de la mer (L')	4	4	s.m.
Bessière	A la Caserne	6	2	s.m.
St-Paul et M. Lupin	Alfred a des corps aux pieds	3	2	s.m.
L. Bouvet	Ami Chambardel (L')	3	1	s.m.
De Marsan	Ami Roscanvel (L')	1	3	s.m.
Lebreton	Amour à coups de poings (L')	2	2	s.m.
Lebreton St-Paul	Amour en dentelles (L')	2	2	s.m.
G. Street	Amour en livrée (L')	3	1	5 »
Desormes	Amour et l'appétit (L')	1	1	4 »
Vallès-Garnier	Amour et sauvetage	3	2	s.m.
De Farcy	Amour Modiste (L')	2	3	s.m.
V. Roger	Amour Quinze-Vingt (L')	3	1	4 »
Dottin, Boulay-Layrre	Amours d'un piston (Les)	2	2	s.m.
L. Bouvet	Anarchiste	3	1	s.m.
M. Gribinski	Annonce (L')	3	3	s.m.
Alex.-Roger Darval	A nous le Divorce	6	5	s.m.
Saint-Paul-P. Avril	Apache est de rigueur (L')	1	2	s.m.
L. Bouvet	A propos de bottes	2	»	s.m.
J. Emmecé	A qui le gosse ?	troupe	»	s.m.
Monnery-Marien	Argot tel qu'on le parle (L')	5	3	s.m.
M. Chautagne	Arracheuse de dents (L')	2	1	4 »
Bouvel-Arribat	Arrestation arbitraire	4	2	s.m.
Marc Sonal	Arrêt de rigueur	1	1	s.m.
Géraldy	Ascension du Mont-Blanc (L')	1	1	4 »
L. Martin-Duhem	Auberge du Tambour battant (L')	3	2	loc.
Selder	Au chat rouge	3	1	s.m.
Banes	Au Coq huppé	3	2	5 »
Carpentier, J. Moudrot	Audition de Saint-Glinglin (L')	3	»	s.m.
Guérineau	Auteur par amour	1	2	3 »
L. Bouvet et J. Arribat	Auvergnat par amour	3 ou 4	2	s.m.
Henry Moreau	Avant le bal	1	1	3 »
L. Rivaux, G. Debreuil	Avarié du Mardi-Gras (L')	3	2	s.m.
Gambart et Carpentier	Baduquet n'est pas ridicule	2	2	s.m.
Deransart	Baigneur et nageuse	1	1	3 »
Antigeon, Donrel-Roydel	Baigneuses de Cocotteville (Les)	5	9	loc.
A. Monezy-Eon	Bains de pieds (Le)	1	2	s.m.
Rose fils et Ryvez	Banquier malgré lui	3	3	s.m.
Leserre	Barbe-Bleue	1	2	2 »
L. Molle	Baronne	2	1	s.m.
Trebla, Peter Carin	Belle et la Bonne (La)	2	1	s.m.
Georges Rose fils	Belle-maman m'adore	2	3	s.m.
De Marsan	Belle-mère apprivoisée (La)	4	3	loc.
Lebreton-St-Paul	Belle-mère est sans pitié (La)	2	2	s.m.
Wach	Bibi ou l'Enfant de l'Amour	1	1	4 »
Bouvet-Muffat	Bigame de la Bastille (Le)	3	3	s.m.
C. Roland	Bimariés	1	1	s.m.
Ferdinand Bossuyt	Blaguinette	3	3	s.m.
Gambart et Carpentier	Bon Poteau (Le)	2	2	s.m.
Lebreton et F. Soudant	Bonne à découché (La)	4	4	s.m.
L. Bouvet-F. Muffat	Bonne nuit Tardiveau	3 ou 2	2 ou 4	s.m.
E. Bessière	Bonsoir !!!	1	1	s.m.
H. Gambart, M. Mérail	Bottes du commandant (Les)	2	2	s.m.
Cellier-Joullot	Boudoir discret	2	1	s.m.
Moreau-Gramet	Bougnol et Bougnol	4	2	loc.
Villebichot	Boum ! Servez chaud	3	2	4 »
H. Moreau-Arnould	Braves gens (Les)	7	3 ou 7	loc.
Hubans	Brelan de bègues	2	1	5 »
H. Moreau et Mauriac	Bretelles (Les)	2	1	s.m.
F. Bernicat	Cadet de Gascogne (Les)	troupe	»	7 »
Banès	Cadiguette (La)	1	1	5 »
Saint-Paul	Cage de l'Oncle Tom (La)	3	2	loc.
Lebreton	Caïn	3	2	s.m.
Javelot	Calino amoureux	2	1	3 »
Lebreton, Soudant	Camelots (Les)	6	5	loc.
E. Bouchaud	Cantine Grovol (La)	5	3	s.m.
Lebreton-Moreau	Ça porte bonheur	5	3	s.m.
V. Herpin	Capricorne (Le)	troupe	»	loc.
F. Barbier	Carmagnole (La)	3	»	5 »
A. Berthon	Carnaval des 4 z'arts (Le)	6	2	loc.

AUTEURS	TITRES DES ŒUVRES	Hommes	Femmes	PRIX net
Levavasseur	Carte de visite (La)	3	3	s.m.
Autigeon-Desplau	Cascadin et Cie	6	5	s.m.
Ménénier-Fabrice	Casque d'or	1	3	s.m.
F. Lémon-J. Moy	Ce cochon d'Emile	3	2	s.m.
D. Jourda	Celles qui savent	1	2	s.m.
Chabaud, Colonge, Tranchant	Ce Pauvre Bobinet	2	1	s.m.
De Marsan	Ce Sacré Narcisse	4	3	s.m.
D. Fabrice	Ce Zidore	3	»	s.m.
A. Mesnil, L. Rivaux	C'est la fin du monde	2	2	s.m.
A. Mesnil-P. Raynone	C'est la vie	3	2	s.m.
Rose fils-P. Bouveret	C'est un secret de Polichinelle	2	2	s.m.
Rose fils et G. de Nola	Cette crapule de Duveau	2 ou 3	2	s.d.
Chelu	Chambre à louer	1	1	2 »
L. Bouvet	Chanson de Florentin (La)	3	2	6 »
V. Roger	Chanson des Ecus (La)	3	1	4 »
E. André	Chaos (Le)	1	1	4 »
H. Gilbert	Chaste Suzanne	2	2	s.m.
Yvel	Chéri des Dames (Le)	4	2	loc.
Gambart et Carpentier	Chevaliers débrouillards (Les)	5	4	s.m.
Donrel, Roydel, E. René	Chevalier Tric-Trac (Le)	2	8	loc.
Meynard	Chez le dentiste	3	1	3 »
Lhuillier	Chez les Corniquet	1	»	1 »
B. Lebreton	Chez « Ma tante »	7	5	loc.
C. Rosenquest	Chicard et Bébé	1	1	4 »
L. Bouvet	Cinq à sept de chez Pétrone (Les)	4	4	loc.
Moreau-Gramet	Cinq contre un	3	5	loc.
E. Brasseur-L-T	Circulaire du Préfet (La)	6	2	s.m.
Villebichot	Cirque Ponger's (Le)	troupe	»	5 »
B. Lebreton	Claudine aux arrêts	2	2	s.m.
B. Lebreton-E. Blairat	Clef des Songes (La)	4	3	loc.
L. Bouvet	Clémence d'Auguste (La)	2	1	s.m.
Bessière	Clou (Le)	2	2	s.m.
Eugène Millou	Cochon d'amour	6	3	s.m.
L. Collin	Coco Bel-Œil	3	1	6 »
A. Petit	Cocotte et chiffonnier	1	1	4 »
L. Bouvet	Codicille (Le)	4	4	6 »
Gambart et Carpentier	Collier de l'arène (Le)	3	2	s.m.
Mougel-de Marsan	Colo saute le mur (Le)	5	3	s.m.
Villemer, Delormel, Péricaud	Colosse de Rhodes (Le)	3	»	4 »
L. Bouvet-G. Arribat	Commandant Lavertu (Le)	5	4	s.m.
St-Paul-G. Rose fils	Commissaire est embêté (Le)	3	2	s.m.
A. Petit	Confections pour Dames	2	4	5 »
L. Bouvet-Schmoll	Congrès des Cocottes (Le)	5	7	s.m.
G. Touze, H. Barbe	Conquêtes difficiles	3	1	s.m.
L. Collin	Conscrit Tyrolien (Le)	1	4	3 »
Dabrekorn et P. Marc	Contes de Piron (Les)	2	10	loc.
Lebreton Moreau	Contrôleur des Wagons-Bars (Le)	4	3	s.m.
R. Maygrier Lemeuland	Coquins de souliers	4	2	s.m.
Ryvez	Cordon, s'il vous plaît	3	3	s.m.
L. Bouvet-F. Muffat	Cornuflot a la gale	4	3	2 »
Marc Sonal	Cosaque de la rue Beauregard (Le)	2	2	s.m.
Lebreton-Moreau	Cote et Cocottes	4	4	3 »
H. de Farcy	Couleur jaune (La) ou une nuit d'amour	2	2	s.m.
C. Roland	Courroie (La)	3	1	s.m.
A. R. Darval	Cours d'amour	3	2	s.m.
H. Bouvet-G. Arribat	Course au sac (La)	3	1	s.m.
Claude Roland	Courtisane à bon cœur (La)	1	3	s.m.
Habrekorn	Couturière est au-dessus (La)	3	3	s.m.
G. Sibre et A. Verse	Couturière sans aiguilles	3	9	6 »
G. Cellier et E. Joullot	Couverture (La)	4	3	s.m.
F. Bouveret	Créanciers du coffre-fort (Les)	5	1	loc.
De Marsan	Crépuscule des vieux (Le)	3	2	s.m.
E. Fournier	Crime avorté	1	2	s.m.
L. Martinot et E. Dohem	Crime de Passy	2	2	loc.
De Roze et d'Arsay	Culotte du marié (scène) (La)	1	»	s.m.
Saint-Paul-Rose fils	Dame aux bluets (La)	2	1	s.m.
Pierre-Achard	Dans l'escalier	1	1	s.m.
R. Lebreton	Débuts d'une Etoile (Les)	5	5	s.m.
Cellier-Gramet	Demoiselles Plomemboy (Les)	3	4	s.m.
A. Condamin	Dépêches de Lucien (Les)	2	2	s.m.
Saint-Paul	Déraillement (Le)	2	2	s.m.
St-Paul G. Rose fils	Dernière carotte (La)	2	2	s.m.
L. Lefèvre	Dernier verre (Le)	1	1	5 »
F. Barbier	Deux amours de chandeliers	1	1	5 »
Roydel-Herbel	Deux anges au clou	2	2	loc.
Ch. Hubans	Deux coqs vivaient en paix	2	2	»
F. Gracia	Deux estafiers (Les)	2	2	»
Vallès-Garnier	Deux femmes de M. Groschose (Les)	3	3	s.m.
Champavert-Robin	Deux Jarretières (Les)	3	2	»
M. Chautagne	Deux muses (Les)	2	2	4 »

Un Comte... à dormir debout

Louis BOUVET

Un Comte...
à dormir debout

OPÉRETTE-BOUFFE EN UN ACTE

CRÉÉE AU CASINO DE MONTE-CARLO

Musique d'Eugène PONCIN

3 H. — 2 F.

PARIS

C. JOUBERT, Éditeur, 25, rue d'Hauteville

Répertoire de la Société lyrique

Un Comte...
à dormir debout

OPÉRETTE-BOUFFE EN UN ACTE

Un Comte... à dormir debout

PERSONNAGES :

CHARLES D'ETIS, Médecin, 25 ans (Baryton-Martin)............... MM. ALBERTHAL.
Le Comte D'IPÉCACUANOS, gros et court, 55 ans (Comique-Grime). POUDRIER.
SANCHO, Domestique du Comte, long et maigre, 25 ans (Trial)..... BERTHAUD.

INÈS, 18 ans (2e Chanteuse) .... Mmes CHARLEY.
MARIA, Aubergiste, 30 ans.................................... DEGOYON.

La scène se passe en Espagne vers 1800 à la frontière pyrénéenne. Le décor représente l'intérieur proprel d'une auberge dans la montagne.

Porte au fond donnant à l'extérieur, porte à gauche donnant dans la chambre de l'aubergiste, porte à droite donnant à l'étage supérieur de la maison.

C'est le soir... En scène bancs, tables, chaises, un fauteuil... Une madone au mur... A gauche, un buffet.

Avant le lever du rideau l'introduction musicale exprime que dans la montagne le vent souffle, la pluie tombe et qu'un orage se prépare.

SCÈNE PREMIÈRE

MARIA

La scène est un instant vide, puis la porte du fond s'ouvre et Maria entre en scène, trempée ; elle referme vivement la porte derrière elle. Une lampe éclaire la pièce.

Ouf ! quel affreux temps. La pluie fait rage. Un orage furieux se prépare... Mon pauvre José qui garde notre troupeau dans la montagne préférerait être ici ce soir, plutôt que de coucher sous le toit mal joint de sa cabane de berger. *(Avec un soupir)*. Ah ! moi aussi je le préférerais ! Enfin.... *(Avec sa lampe elle se dirige vers la gauche pour aller se coucher, quand, soudain, on frappe à la porte de la maison. (S'arrêtant joyeuse). Hein ! si la Madone m'avait exaucée ! Si c'était José...*

VOIX DE CHARLES, *à l'extérieur*

Ouvrez !

MARIA, *un peu inquiète*

Ce n'est pas la voix de José...

LA VOIX

Ouvrez, mes braves gens.

MARIA

Qui êtes-vous ?

LA VOIX

Des voyageurs surpris par l'orage.

VOIX D'INÈS

Ouvrez, Madame, et sainte Inès ma patronne vous en récompensera.

(Maria ouvre non sans craintes).

(Entrent précipitamment Inès recouverte du manteau de Charles et ce dernier ruisselant d'eau).

SCÈNE II

MARIA, INÈS, CHARLES D'ETIS

NUMÉRO 1

CHARLES, *chantant*

Ne craignez rien, charmante hôtesse,
Nous ne sommes pas des bandits,
Mais bien des amoureux transis
Cheminant en pleine détresse.

MARIA, *pendant la ritournelle*

Des amoureux ? Je les adore, les amoureux.

CHARLES

I

Si d'ordinaire réjouie
Notre mine a des airs contrits
Chère dame, c'est que la pluie,
Dans la montagne nous a pris.
Mais qu'importent le vent, la pluie
A cœur qui d'amour se nourrit,
Tenez, regardez mon amie

(Désignant Inès).

Déjà la voilà qui sourit
Qui sourit...

(Reprise du refrain par Charles et Inès).

II

Pour qu'il ne subsiste aucun doute,
Dans ton esprit, ô ! Sénora,
Voici ma bourse, prends-la toute,

(Il lui jette sa bourse).

Moi, je garde ce trésor-là.

(Désignant Inès).

Quand, demain, sourira l'aurore,
Tous deux nous franchirons ton seuil
En te remerciant encore,
Bonne hôtesse de ton accueil,
De ton accueil.

(Refrain en trio).

CHARLES et INÈS

Ne craignez rien charmante hôtesse,
Nous ne sommes pas des bandits,
Mais bien des amoureux transis,
Cheminant en pleine détresse.

MARIA

Je ne crains rien, oui, foi d'hôtesse,
Car vous n'êtes pas des bandits
Mais bien des amoureux transis,
Cheminant en pleine détresse.

MARIA

(Parlé) Ah ! ma pauvre demoiselle, mon brave jeune homme ! Comme vous voilà faits...

CHARLES

Ce n'est rien ! de mon manteau j'ai pu protéger Mademoiselle contre la pluie...

MARIA

Mais vous ?

CHARLES

Bah ! un médecin n'a pas peur de l'eau.

MARIA

Vous êtes médecin ?

CHARLES

Depuis 8 jours. Laissez-moi me présenter : Charles d'Etis qui se rend en France à la 20ᵉ demi-brigade, où le premier consul l'a nommé chirurgien. *(Présentant Inès).* Ma fiancée...

MARIA

Vous n'êtes que fiancés ? Et les parents de la señorita la laisent se promener ainsi avec vous dans la montagne ?

INÈS et CHARLES

Chu...

CHARLES

Puisque vous aimez les amoureux, vous ne nous trahirez pas ?

MARIA

Vous trahir !...

CHARLES

Alors, écoutez, l'histoire qui m'arriva un jour que, voyageant en Espagne, je passai près de la maison du comte d'Ipécacuanos....

(Inès a enlevé son manteau).

Nº 2, BOLÉRO

CHARLES

Un jour sous son balcon passant,
L'étudiant vit la jeune fille.

INÈS

La fille vit l'étudiant,
A travers sa blanche mantille.

CHARLES

Dans un baiser qu'il envoya,
Il mit ses désirs et son âme.

INÈS

Avec la fleur qu'elle jeta,
Elle jura d'être sa femme.

INÈS et CHARLES

Et de Barcelone à Burgos,
Oh ! oh !
Comme d'ailleurs, en tous pays
Hi ! hi !
C'est ainsi que les sénoras,
Ah ! ah !
Partout savent se faire aimer,
Ollé !

(Bis au refrain).

CHARLES, *parlé, pendant la ritournelle*

Trois mois après.

INÈS

Pour oncle et tuteur elle avait,
Un comte, barbon, épris d'elle.

CHARLES

Pour avoir celle qu'il aimait,
L'étudiant enleva la belle.

INÈS

Le cœur content, mais sans un sou,
La belle le suivit sans honte ;

CHARLES

Ce qui prouve que, n'importe où,
Amour, comme erreur, n'est pas *comte*.

(*Au refrain*).

(*Après le chant*).

CHARLES

Oui sénora, hier au crépuscule, nous avons quitté le domaine d'Ipecacuanos ; grâce à notre mule rapide, la nuit venue nous étions à 500 pas d'ici et, sans cet orage intempestif...

INÈS

Nous aurions, à cette heure, gagné la France...

CHARLES

... Quand, passant sur une roche rendue glissante par la pluie, notre monture s'est cassé une jambe. J'ai dû précipiter la pauvre bête dans le ravin pour que sa présence sur la route ne révélât pas notre passage.

MARIA, *distraite se signant*

Dieu ait son âme !

CHARLES

Hein !

MARIA

O pardon !

INÈS

Au milieu des éléments déchaînés, nous nous sommes traînés jusques à votre maison....

CHARLES

Où, grâce à vous, nous voici en sécurité.

MARIA

Que la Madone vous entende !

CHARLES

Que voulez-vous dire ?

MARIA

Si l'oncle de la sénorita, s'étant aperçu de sa fuite, s'était mis à votre poursuite.

INÈS

Le pauvre homme... il est obèse et ne peut faire dix pas sans rugir comme un soufflet de forge...

CHARLES

Il n'y a que son domestique, ce bénêt de Sancho qui, pour s'attirer de nouvelles grâces de votre oncle, pourrait tenter quelque chose contre nous.... mais celui-là... j'en réponds, s'il vient ici. (*Il tire une trousse de médecin de sa poche*). Un peu de cette poudre dans son verre, il dormira 5 heures comme une marmotte.

MARIA, *s'approchant et désignant une fiole de la trousse*

Un peu de cette poudre ?

CHARLES

Non... celle-là le rendrait amoureux ! Ce qui le changerait rudement, car il est d'une timidité avec les femmes !...

MARIA

Ah ! cette poudre-ci. alors ?

CHARLES

Non, celle-ci donnerait le... mal de mer. Le cas échéant puis-je compter sur vous ?

MARIA

Vous n'êtes pas le diable au moins... ni sorcier ?

CHARLES, *riant*

Non !...

(*Il dissimule sa trousse dans un coin du buffet*).

MARIA

Alors, comptez sur moi.

CHARLES

Merci.

MARIA

Mais que la sénorita veuille bien passer dans ma chambre pour s'y reposer en attendant le jour.

CHARLES

Oui, Inès, allez dormir et ne craignez rien, je veille ici, sur ce fauteuil...

(Musique à l'orchestre. Maria a allumé une chandelle qu'elle remet à Inès. Inès s'apprête à sortir, mais, en passant devant la statuette de la Madone, elle s'arrête, s'agenouille sur une sorte de prie-dieu et chante ce qui suit).

NUMÉRO 3

INÈS

O ! sainte Madone,
Notre-Dame des malheureux,
De là-haut pardonne,
La fugue de deux amoureux.

(Maria s'est agenouillée).

Mater dolorosa,
Chasse notre tristesse ;
Brille en la nuit épaisse,
Stella Matutina !

(En trio).

O ! sainte Madone,
Notre-Dame des malheureux,
De là-haut, pardonne
O, douce patronne,
A deux pauvres amoureux.

(Reprise du 1er quatrain).

(Les deux femmes se relèvent. Maria accompagne Inès jusqu'à la porte de gauche ; Inès sort en envoyant un baiser à Charles qui le lui rend).

MARIA

Bonne nuit sénorita. *(Revenant vers Charles).* Quant à vous, sénor, vous ne pouvez rester toute la nuit avec ce vêtement mouillé, collé sur vous. Pendant qu'il séchera, revêtez cette robe de bure qu'un bon moine oublia en passant ici, avant-hier. *(Elle lui donne la robe qu'elle a prise dans un coin... Charles après avoir hésité retire son habit et passe le froc).*

CHARLES

Plaisant déguisement pour un soldat...

MARIA, *prenant une chandelle qu'elle a allumée*

Bonne nuit, Excellence !..

CHARLES

Bonne nuit et... merci, bonne hôtesse...

MARIA, *prête à sortir à droite*

Ah ! les amoureux... je les adore, moi !.. Je l'ai déjà dit.

(Soudain, on frappe à la porte d'entrée. Maria s'arrête. Charles, déjà enfoncé dans son fauteuil se redresse).

MARIA, *bas*

Vous avez entendu ?

CHARLES, *de même*

Oui...

VOIX DE SANCHO, *à l'extérieur*

Ouvrez !

MARIA

Qui ça peut-il être ?... Si c'était.... Tenez... *(Désignant la chambre de droite).* Entrez là et regardez par là lucarne qui donne sur la vallée...

(Charles y va).

VOIX DE SANCHO

Ouvrez.... au nom de sa puissante seigneurie le comte d'Ipécacuanos.

MARIA

Lui... c'est lui ! Pauvres jeunes gens ! *(Haut).* Voilà... voilà... je m'habille. *(Rentre Charles).*

CHARLES

Ils sont deux... mais je n'ai pu les distinguer.

MARIA

C'est le comte et Sancho, probablement.

CHARLES

Vous dites ?

VOIX DE SANCHO

Ouvrez à la fin... ou nous enfonçons la porte.

CHARLES, *allant à son fauteuil*

Ouvrez... et préparez-vous à faire parler la poudre...

(Le dos du fauteuil est tourné vers la droite, de sorte que Charles se trouve caché à la vue des arrivants).

MARIA

Vous allez les tuer ?

CHARLES, *riant*

Mais non... *(Montrant sa trousse sur le buffet).* Cette poudre-là... Faites-les se refraîchir. *(Il fait mine de dormir profondément, après avoir relevé son capuchon sur sa tête).*

———————

SCÈNE III

CHARLES, *dans le fauteuil*, MARIA,
LE COMTE *et* SANCHO

MARIA, *entendant la porte qu'on secoue*

Voilà Monseigneur... voilà. (*Elle a fait disparaître l'habit de Charles en le lançant dans la chambre de droite. Elle ouvre la porte du fond*). Excusez, Excellence, j'ai le sommeil lourd et je ne savais pas que des gens de sa seigneurie le comte d'Ipécacuanos dussent passer ici cette nuit.

SANCHO, *sans la regarder*

Vous auriez dû le savoir.

MARIA, *à part*

C'est vrai qu'il ne regarde pas les femmes.

LE COMTE, *affublé d'un sabre, deux pistolets, deux poignards*

Taisez-vous, Sancho, vous dites des imbécillités... (*A Maria*). Des gens de Sa Seigneurie ?... Dites plutôt sa seigneurie elle-même !...

MARIA, *jouant la surprise*

Serait-ce possible ?

LE COMTE

Ça l'est... ça l'est...

NUMÉRO 4

CHANT

TRIO

LE COMTE

Le célèbre Ipécacùanos
C'est moi !...

SANCHO

C'est lui !..

LE COMTE

C'est moi !...

SANCHO

C'est lui !...

LE COMTE

Je suis trempé jusques aux os
Et comme un phoque je reluis.
C'est I, c'est P, c'est K, c'est quoi ?
C'est le célèbre Ipécacua,
Aussi fort qu'un rhinocéros

C'est le comte Ipécacuanos,
Cuanos !

LE COMTE

Solide comme un roc en place,
La fatigue point ne me lasse.
Si jamais quelqu'un me menace
Entre mes deux bras je l'embrasse,
Ainsi qu'un boa je l'enlace,
Sur mes pectoraux je le masse
Et s'il ne me demande grâce,
Je la lui casse sa carcasse.

(*Au refrain*)

II

Léger comme un souffle de brise,
Voici Sancho, qu'on se le dise,
Il fit plus d'une vaillantise,
Sancho, *sang froid*, c'est sa devise.
Plus blanche que blanche chemise,
Toute son âme m'est acquise,
Sans que jamais ne l'ait conquise,
Cœur de femme la plus éprise.

(*Au refrain en trio.*)

(*Après le chant*).

MARIA, *parlé*

Donc, salut à Sa Seigneurie et à l'intrépide Sancho...

LE COMTE, *à Maria*

Ne lui parlez pas, vous l'intimideriez inutilement, et, ce soir, j'ai besoin de tous ses moyens.

MARIA

Sa Seigneurie m'exprimera-t-elle son désir ?

LE COMTE

Tout à l'heure ; en attendant *exprimez-moi* donc le jus d'un citron dans un verre d'eau... Je crève...

SANCHO, *intervenant*

Un homme comme vous, Excellence, ne crève pas...

LE COMTE

C'est vrai... je meurs de soif...

SANCHO

Moi aussi, je meurs de...

LE COMTE

Tu crèves !...

SANCHO

Si vous voulez... je crève de soif...

MARIA, *qui est allée vers le buffet à gauche*

A vos ordres, mes seigneurs !

LE COMTE, *bas à Sancho*

Tu ne remarques rien d'anormal ?

CHARLES, *à Maria, pendant que Sancho des yeux inspecte la pièce*

Attention aux poudres : celle pour le mal de mer au vieux, celle pour le sommeil au jeune. (*Elle prépare les deux mixtures*).

SANCHO, *au comte*

Je ne vois rien qui soit susceptible d'éveiller le soupçon.

LE COMTE

Parbleu ! nous arrivons trop tard.... Ils ont passé la frontière... Dire que, sans cette maudite pluie, nous les aurions peut-être rejoints.

SANCHO

Sûrement.

LE COMTE

Il faut toujours que tu amplifies ce que je dis... je dis : peut-être... pourquoi ajoutes-tu : sûrement.

SANCHO

Parce qu'ils n'ont pu passer que par ici, vu que c'est le seul col qu'il y ait dans la contrée... Je ne compte pas les cols que Sa Seigneurie a dans sa commode.

LE COMTE, *se tordant et s'étranglant*

Ah ! Hi ! hi !... Je me tirebouchonne (*Changeant de ton*). La misérable, si je la tenais !

MARIA, *s'approchant de la table où le comte est assis avec Sancho*

Là, voilà...

LE COMTE, *bondissant*

La voilà ! où ça ?

MARIA, *servant*

Je dis : là, voilà... c'est pour votre citron.

LE COMTE, *se tordant et s'étranglant*

C'est pour mon citron ! Hi, ha, ho...

SANCHO

Vous riez bêtement, seigneurie...

LE COMTE, *s'arrêtant subitement de rire*

Il a raison cet animal-là...

MARIA, *à part*

Ça y est... j'ai mis les poudres... que va-t-il se passer ?...

LE COMTE, *se levant et prenant son verre. Sancho l'imite*

Or, donc, aubergiste, apprends pourquoi je suis ici... Je pourrais simplement te le conter... j'aime mieux te le chanter...

NUMÉRO 5

1

Fringant, ainsi que tu le vois,
Et malgré mes cinquante ans d'âge,
Je m'épris du jolis minois
De ma nièce au dodu corsage.
Flattée, autant qu'être on le peut,
De l'amour que j'avais pour elle,
Elle allait par un sacré nœud,
S'unir à moi, la tourterelle.
Lorsque je m'aperçus tantôt,
Qu'elle avait quitté le château...

SANCHO, *levant son verre*

Buvons ! buvons ! buvons ! buvons !...

LE COMTE, *parlé*

Quelle jolie voix !

SANCHO, *vocalisant*

Ah ! ah !

LE COMTE, *parlé*

A moi ! (*Chant :*)

Ah ! Buvons
Sans cesse ;
Car, les citrons
Quand on les presse,
Calment, dit-on,
La tristesse,

Ensemble { Et tout ce dont
{ L'amour vous blesse.

LE COMTE

Verse,
La belle hôtesse
Nous oublierons
Dans les fionflons,
Notre maîtresse !

(*Après le chant*).

LE COMTE

(*Parlé*). Ce refrain bachique est idiot... le citron n'a jamais grisé personne ; mais comme les librettistes et les musicens ont tour à tour célébré le vin, la bière, le cidre, il ne restait à nos auteurs que la citronnade à chanter... Excusez-les... Je reprends mon histoire.

II

Sellant mon hardi palefroi
Sancho montant sa haridelle,
Nous sommes partis, sans effroi,
A la chasse de l'infidèle.
Par l'eau du ciel rendus perclus,
Devant chez toi nous arrivâmes
Et, de bête étant descendus,
Près d'ici nous les attachâmes ;
Puis, pour nous reposer un peu
Nous sommes venus en ce lieu.

SANCHO, *levant son verre*

Buvons ! buvons ! buvons ! buvons !...

LE COMTE, *parlé*

C'est une idée... depuis le temps que nous disons que nous allons boire.... et que nous ne buvons pas... Dans toutes les opérettes c'est comme ça...

SANCHO, *chantant*

Ah ! Ah !

LE COMTE, *parlé*

A moi, refrain bachique !

(Chantant).

Ah ! buvons
Sans cesse,
Car, les citrons,
Quand on les presse,
Calment, dit-on,
La tristesse
Ensemble { Et tout ce dont
{ L'amour vous blesse.

LE COMTE

Verse,
La belle hôtesse,
Nous oublierons,
Dans les flonflons
Notre maîtresse (*bis*)

(Après le refrain, le comte et Sancho absorbent, d'un trait le contenu de leur verre.

LE COMTE, *après avoir bu*

Ah ! ça va mieux.

SANCHO, *de même*

Ça va très bien !...

LE COMTE, *furieux*

C'est extraordinaire !.. je dis ça va mieux... il faut qu'il trouve que ça va très bien...

MARIA

Il faut toujours qu'il amplifie...

LE COMTE, *à Maria*

Tiens ! comment le savez-vous ?...

MARIA

Vous l'avez déjà dit....

LE COMTE

C'est vrai... (*Coup de tonnerre*). On a frappé, je crois...

MARIA

Non, seigneurie... c'est le tonnerre...

LE COMTE

Sapristi !... Ce n'est pas le moment de s'en aller... il va me falloir coucher ici... Avez-vous une chambre ?...

MARIA, *hésitant puis montrant la droite*

Là, oui, seigneurie....

(Pendant le dialogue ci-dessus Sancho peu à peu s'est transfiguré, son regard qui, tout à l'heure évitait Maria la cherche maintenant).

LE COMTE, *inquiet*

Quelle sale nuit !

SANCHO, *regardant Maria*

Elle est superbe !

LE COMTE, *qui croit que Sancho parle de la nuit*

Comment, je dis quelle sale nuit et tu te permets de dire qu'elle est superbe !

SANCHO, *même jeu*

... Ce n'est pas de la nuit que je parle.

LE COMTE

C'est de qui alors ?

SANCHO, *regardant Maria*

C'est d'elle ! (*Revenant à la réalité*) C'est de votre seigneurie... Je disait : elle est superbe !..

LE COMTE, *continuant le quiproquo*

Cet animal-là a un goût exquis. (*A Sancho*). C'est seulement aujourd'hui que tu t'en aperçois ?

SANCHO

Oui...

LE COMTE, *furieux*

Oui ! (*Se calmant*). Au fait, il aurait pu ne pas s'en apercevoir du tout...

MARIA, *que Sancho dévisage de plus en plus, à part*

Qu'a-t-il à me regarder avec ces yeux-là !

LE COMTE, *de plus en plus inquiet*

Qu'est-ce que j'ai donc, moi ? la tête qui tourne, le cœur brouillé ! De l'air, de l'air !

MARIA, *montrant la droite*

Là, monseigneur, à gauche en sortant, au 1er, il y a un balcon, vous y serez à l'abri de la pluie. (*A part*). C'est la poudre qui agit.

LE COMTE *faisant mine de sortir et revenant*

Sangué de Chisto.... Sancho, qu'ai-je donc mangé ce soir ?

SANCHO

De la poule au riz...

LE COMTE

Et toi ?

SANCHO

Moi ? (*A part*). Qu'est-ce que ça peut lui faire ? (*Haut*). De l'oseille, Excellence.

LE COMTE, *se frottant le ventre*

De l'oseille ! Ce n'est pas étonnant si je suis malade !

SANCHO

Heir ?

LE COMTE, *se tordant de coliques*

Ah ! hi !... (*Il sort en courant à droite*). A gauche en sortant n'est-ce pas ?

SANCHO

Bizarre ! C'est moi qui ai mangé de l'oseille et c'est lui qui est malade.

MARIA, *à part*

Pourvu que je n'aie pas exagéré la dose ! (*Regardant Sancho en contemplation devant elle*). Mais, qu'est-ce qu'il a à me regarder celui-là avec ses yeux de poisson bouilli !...

SCÈNE IV

MARIA, SANCHO, CHARLES, *dans le fauteuil*

SANCHO

Non, femme capiteuse, le ciel d'Andalousie ne vit jamais créature plus excitante que toi.

MARIA, *suffoquée*

Hein ? (*Sancho s'approche d'elle*). Voulez-vous bien ne pas m'approcher.... En voilà un enflammé !...

SANCHO

Jamais âme sommeillante d'adolescent ne comprit mieux qu'en vous voyant, qu'il est au monde une chose troublante, exquise et douce, un geste... (*Il s'approche*).

MARIA, *le repoussant*

Non... pas de geste. (*A part*). Qu'est-ce qu'il lui prend. Il n'a pas l'air de vouloir dormir... N'aurais-je pas mis assez de poudre ?..

SANCHO, *soupirant*

Ah ! ah !..

MARIA, *moins inhumaine*

Taisez-vous.... Sa seigneurie peut rentrer...

SANCHO

Je la connais... c'est-à-dire, je le connais, il en a pour vingt minutes. (*S'enflammant*). Et moi... moi, si vous le vouliez avec 5, avec 3, avec une j'aurais assez.

MARIA, *se dérobant à sa poursuite*

Ah ! sapristi ! Je me suis trompé de paquet... je lui ai donné de la poudre amoureuse. Gagnons du temps.

(*Sancho en contemplation devant Maria*).

NUMÉRO 6

RÉCITATIF

Quel trouble inconnu m'a saisi
Est-ce l'amour qui me transforme ainsi ?

COUPLETS

En vous voyant, ma gentille,
  Je viens d'éprouver un choc ;
Comme un poisson, je frétille
  Et mon cœur, là, fait toc toc.
Est-ce donc l'amour qui métamorphose
L'hiver en printemps, la neige en soleil
Qui sur l'églantier fait pousser la rose
Comme en moi s'allume un feu sans pa-
                [reil ?

REFRAIN

Si c'est l'amour, O ! ma charmante,
Si c'est l'amour, ah ! dis-le moi,
Pour que, si c'est lui, je le chante
      Avec toi.

II

Jamais depuis ma naissance,
Jamais je ne me suis vu
Femme, comme en ta présence
      Tressaillant et tant ému,
Est-ce donc l'amour qui cause ces choses,
Vous mettant au cœur des désirs puis-
      [sants,
Et, changeant les nuits en apothéoses
Incite au plaisir les adolescents ?

REFRAIN

Si c'est l'amour ! ô ma charmante,
Si c'est l'amour, ah ! dis-le-moi
Pour que, si c'est lui, je le chante
      Avec toi !

*(Pendant le dernier refrain Sancho s'est age-
nouillé tourné vers Maria, tandis que le comte défait et abattu est rentré).*

SCÈNE V

LES MÊMES, LE COMTE

LE COMTE, *sans voir Sancho*

Ah ! certainement, ma dernière heure a son-
né.

MARIA, *désignant le comte, bas à Sancho*

Relevez-vous !

LE COMTE, *voyant Sancho*

Que fais-tu là, à genoux ?

SANCHO, *se relevant*

Aïe !

LE COMTE

Tu ne dis mot ? Tu ne dis *plus mot* ?

MARIA

Ne le grondez pas Seigneurie... Il priait pour
vous la Madone.

LE COMTE, *s'attendrissant*

Vrai ! Bon serviteur, va. (*Il s'affale sur sa
chaise*).

SANCHO

Ça ne va pas, Excellence ?

LE COMTE

Ah ! au contraire... ça va trop... Aïe, ça va
recommencer... Ah ! ma tête... ma tête. (*Il se
frotte le ventre*).

MARIA, *à part*

Sûr, j'en ai trop mis.

LE COMTE, *rasséréné*

Non... ça passe... ça passe très bien... ça
très passe : mais, je suis gelé. (*A Maria*). Et,
pourtant, tu as un *bon appartement chaud.*

SANCHO, *se tordant*

Ah !.. Un *Bonaparte manchot*... c'est un ca-
lembour révolutionnaire, mais il est exquis
seigneurie.

LE COMTE, *navré*

Ne ris pas... à son heure dernière l'homme
a parfois des lueurs de génie... Moi... je fais
des calembours in extremis.

SANCHO

Ah ! mon bon maître !..

LE COMTE

Je sens mes extrémités qui se figent... Un
moine ! Hôtesse, donne-moi un moine bien
chaud...

MARIA

C'est que...

LE COMTE

..Tu n'as pas de moine... Voyons cherche...
Sancho cherche avec elle...

(*Ils cherchent*).

SANCHO, *découvrant tout à coup Charles,
poussant un grand cri*

Ah !

LE COMTE

Que c'est bête de crier comme ça... Qu'y
a-t-il ?

SANCHO, *désignant Charles*

Là, là...

LE COMTE

Là, où là, où là ?

SANCHO

Un moine !

LE COMTE

Eh ! bien, apporte-le, puisque c'est cela que
je demande...

SANCHO

Il est trop lourd !...

LE COMTE

Comment !...

SANCHO

Il vaudrait mieux le réveiller.

LE COMTE

Hein ! Le réveiller... Ah ! j'ai compris... C'est
un moine vivant... Ah ! hi ! hò !... (*Il rit et
s'étrangle, puis changeant de ton*). Aïe... ça
continue...

SCÈNE MUSICALE

NUMÉRO 7

SANCHO, *réveillant Charles*

Eha ! Eha !

CHARLES, *se frottant les yeux*

Qu'est-ce à dire ? Que me veut-on ?
Pourquoi me troubler en mon somme ?

(*Ritournelle. Pendant la ritournelle le comte parle ce qui suit*).

LECOMTE, *navré , parlé*

Ah ! mon Dieu... il va chanter !.....

CHARLES, *se levant*

Du grand St-François, mon patron,
Je rêvais ! qu'y a-t-il jeune homme ?

SANCHO

C'est le comte Ipécacuanos
Redoutant une catastrophe
Une catastrophe
Qui veut qu'un moine le réchauffe
Pour le guérir
Pour le guérir du tétanos.

LE COMTE, *parlé*

Que lui dit-il ? Que j'ai une *tête-à-noce* !

CHARLES, *allant au comte, chantant*

Qu'éprouvez-vous, mon fils.

LE COMTE, *cherchant partout à qui s'adresse
l'expression : Mon fils. (Parlé)*

Mon fils ? Ah ! c'est moi.

(*Chantant*).

J'éprouve au cœur un mal atroce
Un grand froid dans les abattis,
Et ma tête qui se désosse.

CHARLES

Suffit !.. Point ne vous mentirai ;
Vous avez le miséréré.

TOUS

Miséréré ! Miséréré.

CHARLES

D'abord sourde, ensuite aiguë
Une douleur vous étreint ;
Miserere
Dans votre corps tout remue
En un triste va et vient,
Miserere
Bientôt la pâleur vous gagne

(*Bis au chœur*).

On est anxieux, défait ;

(*Bis au chœur*).

La tête bat la campagne.

(*Bis au chœur*).

On ne sait plus ce qu'on fait.
Ce qu'on fait
On ne sait plus ce qu'on fait.

LE COMTE

C'est bien cela, mais, bon père,
Ce mal est-il dangereux ?

CHARLES

On n'en peut tirer d'affaire
Sur mille, mon fils, que deux.

LE COMTE

Que deux ?...

SANCHO

Que deux ?

MARIA

Que deux ?

LE COMTE

Que deux ?

TOUS

Que deux, que deux... etc...

LE COMTE

Tant *d'œufs*, hélas ! et pas de poule !

TOUS, *moins le comte*

C'est fait le pauvre homme est maboule !

CHARLES

Avant de partir pour le grand voyage,
Mon fils, n'avez-vous rien à déclarer ?

LE COMTE

Non, je suis sorti sans aucun bagage,

(*A part*).

Est-ce un moine ou bien un douanier ?

CHARLES

Avez-vous, toujours, vécu comme un sage ?
En secret, mon fils, voulez-vous parler.

(*Le comte après avoir hésité fait signe que oui*).

CHARLES, *à Maria et à Sancho*

C'est bien ! Retirez-vous mes frères,
Avec Dieu laissez-le terminer ses affaires
Mais avant, chantons avec lui,
La dernière
Prière,
Le miséréré mei...

LE COMTE, *parlé, sur la musique*

Vous ne sauriez pas quelque chose de plus gai ?

CHARLES, *chantant*

Et secumdum multitudinem miserationum

LE COMTE, *se signant*

Dominus vobiscum
(*Parlé*). Est-ce que vous viendrez jusqu'au cimetière ?

TOUS

Miserere mei Deus

LE COMTE, *se trompant*

Dominum vobiscus,

(*Parlé*). Je me trompe.

(*Chantant*).

TOUS

Benedictum
Miserere mei,
Prenez pitié de lui,
Sit nomen Domini
Benedictum

LE COMTE

Dominus vobiscum.

TOUS

Amen, amen, amen.
LE COMTE, *pendant les amen*
Dominus vobiscum.

(*Pendant le quatuor, le comte est en proie à de vives douleurs. Sancho et Maria se sont agenouillés, celui-là continuant à celle-ci ses œillades incandescentes*).

CHARLES, *à Sancho*

(*Parlé*). Laissez-moi seul avec Sa Seigneurie... Passez par ici, mon frère (*Il désigne la droite. A Maria, montrant la gauche*). Et vous, entrez là, ma sœur.

LE COMTE, *accablé*

Ah ! vous avez amené un *masseur* ?

(*Sancho veut suivre Maria dans la chambre de gauche, Charles s'interpose entre eux et désigne la chambre de droit à Sancho qui, grommelant, y entre en même temps que s'achèvent les dernières notes de l'orchestre qui, en sourdine a continué après le miserere*).

SCÈNE VI

LE COMTE, CHARLES

LE COMTE

Alors ! vrai ?... Il n'en réchappe que deux sur mille ?...

CHARLES

Hélas !...

LE COMTE, *que torture toujours son mal de cœur*

Aïe ! Aïe !... Ah ! tais-toi mon cœur... Donc, je vais m'éteindre, ici, seul, comme un chien...

CHARLES

Peut-être que le ciel devant un acte de ferveur de votre part consentirait à faire un miracle...

LE COMTE

Vous croyez qu'il y consentirait ? Ça m'irait assez cette combinaison là... Aïe !... Vous qui êtes bien de la maison, ne pourriez-vous intercéder pour moi ?

CHARLES

Certes ! Mais d'abord enlevez ce sabre, ces poignards, ces pistolets qui vous chargent inutilement l'estomac (*A part*). C'est prudent !...

LE COMTE, *se laissant désarmer*

D'autant plus qu'ils sont eux-mêmes chargés... (*Désarmé*). C'est vrai... que je suis moins chargé... Aïe... Aïe... Ça continue...

CHARLES

Aussi, pourquoi être venu vous promener dans la montagne par un temps pareil ?...

LE COMTE

C'est vrai ! Mais c'était pour rattraper ma nièce, Inès, qu'un godelureau, un certain Charles d'Etis, un médecin français, m'a enlevée.

CHARLES

Un godelureau ! Vous en jureriez ?

LE COMTE

Si je n'étais pas à toute extrémité... oui...

CHARLES

Charles d'Etis ?

LE COMTE

Parbleu ! C'est ce qui m'enrage... aïe... car cette nièce je l'aimais...

CHARLES

Comme un oncle doit aimer sa nièce ?

LE COMTE, *avec une passion comique*

Non... comme un amant aime sa maîtresse.

CHARLES, *jouant l'indignation*

Employez un langage moins... décolleté, mon fils... Pour quelqu'un qui va s'éteindre c'est trop s'allumer... Enfin, cette nièce était plus jeune que vous ?

LE COMTE

Un peu...

CHARLES

Quel âge a-t-elle ?

LE COMTE

18 ans...

CHARLES

Et vous ?...

LE COMTE

40...

CHARLES

40 ans ! depuis quand ?

LE COMTE, *distrait*

Depuis bientôt quinze ans...

CHARLES

Elle est jolie ?...

LE COMTE

Un ange...

CHARLES

Et vous vouliez épouser un ange... De telles prétentions à votre âge... C'est le ciel qui vous châtie, mon fils, pour votre libidinosité...

LE COMTE

Vous croyez !...

CHARLES

J'en suis sûr...

CHANT NUMÉRO 8

I

Comment le ciel permettrait-il
Un amalgame tant étrange :
La neige avec la fleur d'avril,
Ou le démon avec un ange.
Chaque âge au jardin des amours
Ne peut suivre la même sente,
La jeunesse y fait mille tours,
Et la vieillesse est impuissante.

REFRAIN

Barbons épris,
A cheveux gris,
Ne soyez pas avides ;
L'amour vainqueur,
Ne veut qu'un cœur,
Que n'accompagnent pas les rides ! } bis.

II

Alors que vient de s'accomplir
La divine métamorphose,
Quand — chrysalide — va s'ouvrir
Une âme comme au jour la rose ;
Au lieu de chaud et gai soleil,
A l'être qui vient d'apparaître,
Pourquoi donc offrir un réveil
Qui lui fait regretter de naître.

(*Au refrain*).

LE COMTE, *amèrement*

Ben ! vous êtes gentil pour moi...

CHARLES

La vérité vous parle par ma bouche... Allons, renoncez à épouser votre nièce... pardonnez-lui sa fugue, unissez-la avec celui qu'elle aime et qui l'aime... ce bon mouvement touchera la madone qui intercédera pour vous...

LE COMTE

C'est ainsi que cela se passe habituellement ?...

CHARLES

C'est ainsi...

LE COMTE

Vous savez, moi, je ne suis pas très au courant ; vous devez vous y connaître mieux que moi.

CHARLES

Si je m'y connais ! (A part). Je te crois !... (Haut) Tenez... (Il a pris dans un écritoire, sur le buffet, une feuille de papier, ainsi que de l'encre et une plume d'oie)... Vous signerez ce que je vais vous dire et écrire... c'est un pacte avec le ciel que vous allez signer, mon enfant.

LE COMTE

Oui papa (Se reprenant). Oui, mon père...

CHARLES, écrivant

Moi, illustrissime Seigneurie, comte d'Ipécacuanos...

LE COMTE, l'interrompant

Mettez Alphonso... pour que là-haut on ne confonde pas avec mon frère qui est mort en irréligion.

CHARLES

Soit (Ecrivant). Alphonso...

LE COMTE

Ajoutez aussi : chevalier de la Toison d'Or... ça fait toujours bien...

CHARLES, écrivant

Chevalier de la Toison d'Or, sentant ma dernière heure approcher...

LE COMTE

Alors... vous êtes sûr que c'est ma dernière heure qui ?... (Geste affirmatif de Charles). Ah ! que c'est embêtant...

CHARLES, écrivant

...Sentant ma dernière heure approcher,

mais, sain d'esprit, prie Dieu de m'avoir en sa sainte et royale garde...

LE COMTE

C'est que... je n'étais pas dans la garde royale mais dans les miquelets du gouverneur.

CHARLES

Ça n'a aucune importance. Ce sont des formules de politesse (Ecrivant)... déclare, dans le but de m'attirer une éternité heureuse, demander pardon à Dieu le père, des fautes...

LE COMTE

Mettez aussi le fils et le Saint-Esprit... il ne faut froisser personne... dans le cas où l'on ne serait pas, là-haut, d'accord à mon sujet...

CHARLES

C'est très juste !

LE COMTE, geignant

Aïe... ça redouble...

CHARLES

Dans une demi-heure, vous ne souffrirez plus mon fils...

LE COMTE

Je serai guéri ?

CHARLES

Ou mort ! Je continue (Ecrivant)... pardon des fautes que j'ai commises notamment en voulant, moi vieillard, prétendre à l'amour de ma nièce, Inès. Pour preuve de la sincérité de mon repentir, j'autorise par la présente le mariage de ma pupille et nièce avec le chevalier Charles d'Etis...

LE COMTE

....Ça jamais !...

CHARLES

Très bien, n'en parlons plus... Souvenez-vous : deux sur mille !...

LE COMTE, revenant à un meilleur sentiment

Vous disiez donc ?...

CHARLES

... Avec le chevalier Charles d'Etis (Sans écrire). Votre nièce a-t-elle des biens personnels ?

LE COMTE

Environ 20.000 douros.

CHARLES

Sans les intérêts depuis 10 ans au moins ?

LE COMTE

Sans les intérêts...

CHARLES

Alors, mettons 30.000. (*Relisant et continuant à écrire*). J'autorise par la présente le mariage d'Inès, ma nièce, avec le chevalier Charles d'Etis et tiens, dès ce jour à la disposition de celle-ci 30.000 douros à valoir sur la liquidation de mes comptes de tutelle, plus 10.000 douros que je lui constitue personnellement en dot...

LE COMTE, *protestant*

Pardon, pardon, je n'ai pas dit cela...

CHARLES

Eh ! quoi, vous lésinez, sachant qu'à moins d'un miracle vous n'avez que deux chances sur mille d'être vivant dans un quart d'heure ?

LE COMTE

Ah ! que c'est embêtant... Enfin.!...

CHARLES

A la bonne heure... Je termine (*Ecrivant*). Fait dans le but d'être agréable à Dieu et remis par moi au Chevalier d'Etis, mon futur neveu, le 14 mai, l'an mil huit cent.

LE COMTE

Comment ? Au chevalier d'Etis !

CHARLES

Oui... je me charge de lui faire parvenir cet écrit qui n'aura de valeur qu'entre ses mains et qu'un autre pourrait détruire... Signez, mon fils.... (*Il lui tend la plume*).

(*Depuis quelques instants, Sancho s'est montré à droite et a écouté la conversation de Charles et du Comte. Il a sur le bras l'habit de Charles que Maria au commencement de l'acte était allée porter sécher*).

———

SCÈNE VII

CHARLES D'ÉTIS, LE COMTE, SANCHO,
puis INÈS *et* MARIA

SANCHO, *intervenant*

Ne signez pas... Seigneurie !... Tout ceci est une comédie !

LE COMTE, *très affalé*

Hein !

CHARLES, *à part*

Peste soit de l'imbécile !

SANCHO, *s'avançant*

Le chevalier d'Etis est ici...

CHARLES, *bas à Sancho*

Alors, c'est étonnant qu'il ne t'ait pas déjà tiré les oreilles... (*Il les lui tire*).

LE COMTE

Le chevalier est ici ?

SANCHO

La preuve c'est que voici des papiers à son nom que j'ai trouvés dans cet habit...

LE COMTE

Je n'ai plus la force de m'étonner, ni même de me plaindre...

CHARLES, *à part*

Tu fais les poches, toi, attends ! (*Il donne un coup de pied au derrière de Sancho*).

SANCHO, *criant*

Aïe !

LE COMTE

Tu gémis pour moi ? Merci ! Ça n'arrive qu'à moi !... Nous sommes en pleine montagne... et j'ai le mal de mer.

SANCHO

Le mal de mère ? Ah ! si ce pouvait être un garçon ?

LE COMTE, *se tordant*

Un garçon ! Hi ! Ha ! Ho !... (*Il s'étrangle*). Il me fera mourir avant mon temps,... cet animal-là !

CHARLES, *tirant sa montre*

Avant votre temps ? Non seigneurie ; vous avez encore cinq minutes à vivre.

LE COMTE, *accablé*

Cinq minutes !...

CHARLES

Signez-vous ou ne signez-vous pas ?

LE COMTE, *hésitant longuement*

Je signe !.. (*Il signe puis tend le papier à Charles qui le saisit sans se trahir mais avec joie. Le comte fait signe à Sancho d'approcher à sa gauche ; Sancho s'approche et s'agenouille pendant que Charles, sur la pointe des pieds, est allé à la chambre de gauche et a fait également signe à Inès et à Maria de s'approcher doucement. Inès vient s'agenouiller à la droite de son oncle sans que celui-ci ni Sancho la voient. Charles et Maria sont derrière. Musique de scène en sourdine*).

LE COMTE *à Sancho, lentement*

RÉCITATIF

Ami, vois-tu quand l'heure arrive
De s'en aller vers... l'autre rive,
On juge bien différemment,
Sancho, qu'à tout autre moment.
Quand vers l'infini l'on se penche,
On se raccroche à chaque branche,
Et, quand des efforts superflus
Vous prouvent que l'on n'en peut plus,
Vite on abandonne la lutte ;
Et, s'il faut faire la culbute,
Du moins, le cœur léger, on part
Quand on rend à chacun sa part !

(*Cette scène doit être jouée avec émotion et sincérité*).

(*Inès, Maria et Sancho pleurent silencieusement. La musique continue*).

SANCHO, *comiquement étranglé de sanglots*

O ! mon bon maître.

INÈS, *très émue*

Mon bon oncle ! (*Le comte se retourne en entendant la voix d'Inès*). Toi !.. (*Après un temps, l'embrassant*). Sois heureuse avec ton chevalier...

CHARLES, *enlevant son capuchon et ouvrant sa robe*

Elle le sera, mon oncle...

LE COMTE

Oh !... c'est mal, chevalier, de vous être joué de moi...

CHARLES

Non, car ce que le moine au nom du ciel ne promettait qu'incertainement... le médecin au nom de l'art le tient. (*Il a préparé un verre l'eau dans lequel il verse une autre poudre*). Buvez, vos douleurs s'envoleront comme par enchantement.

LE COMTE, *qui a bu*

C'est vrai... c'est extraordinaire... c'est bon de vivre !...

CHARLES

Alors, crions tous : Vive le comte Ipécacuanos.

TOUS

Vive le comte Ipécacuanos !

CHŒUR FINAL, NUMÉRO 9

Le célèbre Ipécacuanos,

LE COMTE

C'est moi.

TOUS

C'est lui

LE COMTE

C'est moi

TOUS

C'est lui.
Accordez-lui tous vos bravos,
Les plus bruyants, les plus nourris ,
C'est I, c'est P, c'est K, c'est *Quoi* ?
C'est le célèbre Ipécacua
Accordez-lui tous vos bravos,
C'est le comte Ipécacuanos.
Cuanos !

AUTEURS	TITRES DES ŒUVRES	Hommes	Femmes	PRIX nets
F. Barbier	Deux parfaits notaires (Les)	2	»	4 »
Gribinski	Déveine (Le)	2	2	s.m.
Moreau-Boucherat	Diable au Moulin (Le)	5	5	loc.
M. de Marsan et A. Nérac	Digue-Digue de Mme Guilleret (Les)	3	3	s.m
Saint-Paul	Divorcerons-nous-?	3	2	s.m.
Léo Trézenik	Docteurs!	3	2	s.m.
Gramet-Talber	Doigt coupé (Le)	troupe	»	loc.
Henry Gambart	Doigt mouillé (Le)	3	2	s.m.
G. Rose fils	Don Juan de Montmartre	3	3	s.m.
Lucien Rivaux	Double conversion	2	2	s.m.
Daniel Jourda	Doux ménage!	2	2	s.m.
L. Bouvet-Lebreton	Drapeau du Régiment (Le)	5	4	s.m.
Moreau-Arnould	Drôle de Cocotte	1	2	s.m.
F. Muffat-L. Bouvet	Dudule	3	2	s.m.
Bouvet-Sevry	Dupont et Dupont	4	3	s.m.
Saint-Paul Rose fils	Durandard est un bon garçon	3	2	s.m.
Dottin, Boulay-Layrice	Duriflard	5	2	s.m
L. Bouvet-Schmoll	Echange de bals	5	5	s m
De Lannoy et Lions	Echarpe (L')	4	2	s.m.
J. Domerc	Ecole buissonnière (L')	3	»	3 »
Boulay-Layrice	Ecole des Cocus (L')	4	3	s.m.
E. Codey	Ecole du journalisme (L')	4	2	s.m.
Lebreton et Murat	Elixir d'Amour (L')	3	3	s.m.
Ed. Lhuillier	Elle débute ce soir	1	1	6 »
Jean Raymond	Elle ne sait pas dire non	4	2	s m.
Delaruelle	El senor Pifaraino	4	1	4 .
M. de Marsan	Empire du milieu (L')	3	2	s.m.
Daunys et Maurel	Encore un déraillement	3	2	s.m
Saint-Paul	Encore une revue	4	4	s.m
Bouvet et Simonot	Enfant du mystère (L')	2	1	s.m
Jallais-Hubans	Enlèvement des Sabines (L')	troupe	»	loc.
Villebichot	Entre deux jardins	1	1	4 »
Léo Trézenik	Envers d'un notaire (L')	2	2	s.m.
Lambert-Lebreton	Epreuves de Bibassier (Les)	3	2	s.m.
Garnier-Vallès	Erreur de Bridouille (L')	3	2	s.m.
Banès	Escargot (L.)	1	»	2 »
A. Pajol	Esprit d'Argenteuil (Les)	5	»	s.m.
St-Paul-Douglas	Est-il ? (L')	2	3	s.m.
P. Pottier R. Dubreu	Estime du Concierge (L')	4	1	s.m
D. Dihau	Eternel roman (L')	1	1	4 »
Dourel-Roydel-Tannel	Etrennes utiles	3	2	s.m.
L. Jancey	Exercice de nuit	3	2	s.m.
Garnier-Vallès	Exploits de Malichard (Les)	6	4	s.m.
De Marsan	Facture (La)	1	2	s.m.
St-Paul-Rose fils	Fais ça pour moi	3	2	s.m.
G. Rose-F. Bouveret	Famille du Brasseur (La)	3	3	s.m.
Moreau-Gramet	Famille Nitouche (La)	3	4	loc
L. Bouvet, J. Sevry Roses	Family-Plage	6	4	loc.
D. Jourda-Verse	Fatale épreuve	1	2	s.m.
G. Rose père	Faux cols d'Oscar (Les)	1	2	s.m.
De Lannois-Lions	Félicité	3	2	s.m
Chaudoir	Fête à Claudine (La)	1	4	4 »
E. Dubem	Fête à M. le Maire (La)	1	2	s.m.
Javelot	Fiancés berrichons (Les)	1	1	3 »
Soulié	Fiancés au bonnet de coton (Les)	1	5	4 »
Liouville	Fièvre phylloxérique (La)	3	2	4 »
Bertric	Fille du charpentier (La)	3	1	5 »
Dourel, Roy et E. Hervé	Filles de Cornenville (Les)	4	7	loc.
Lebretu	Filles du charcutier (Les)	3	3	s m.
Lebreton-Moreau	Fils de Gouape	4	4	s m
Villebichot	Fleuriste et typographe	1	1	5 »
Pradels-Quinel	Fosse aux ours (La)	4	»	s.m.
Moreau-Soudant	Francs-tireurs de la mort (Les)	troupe		s.m.
Lebreton-Moreau	Frère de lait (Le)	1	2	4 »
Cieutat	Furet (Le)	1	1	4 »
Moreau-Touzé	Gai gai, marie-vous!	1	3	s m
Moreau-Darsay	Gaîtés du bastion (Les)	4	3	s.m.
Marsèle J., Douglas	Galant Douanier	3	3	s.m.
L. Bouvet et Arribat	Garçonnière de Dutocard (La)	3	»	3 »
Serane	Garde-champ. de Corneville (Le)	1	1	loc.
L. Dottin	Gendre de M. Duplantour (Le)	3	2	s.m.
A. R Darval	Gigolo	3	3	s.m.
Moreau-E. Pacra	Girafe (La)	3	3	s.m.
Lebreton-St-Paul	Gontran se marie	3	2	s.m.
B. Lebreton-Soudant	Gosse (La)	4	3	s.m.
Rose fils et Ryvez	Greffier (Le)	4	3	s.m.
L. Roydel et Jim	Grève des Apaches (La)	4	3	s.m.
Hervo-Merki	Grève des boulangers (La)	5	4	
Moreau-Marcus	Grève des facteur (La)	2	»	s.m
Villebichot	Hirondelles de la rue (Les)	»	3	s.m.
Maurice de Marsan	Homme du Louvre (L')	3		s.m.
Bouvet et Arr bat	Homme du Parc Monceau (L')	3	»	s.m.
Rose fils	Homme explosible (L')	2	2	s.m.
St-Paul Rose fils	Hôtel des Fantômes (L')	3	4	s.m.
H. Barbé et Téramond	Huissier des bons jours (L')	3	2	s.m.
Bessière-de Noter	Ile de Nénuphar (L')	5	2	loc.
L. Bouvet-Simonot	Il faut que jeunesse se passe	2 ou 3	2 ou 3	s.m.
De Lannoy et Lions	Indispensable (L')	2	2	s.m.
D. Jourda-Douglas	Instantanés	1	1	s.m.
Moniol	Jacotte	1	1	5 »
E. Warmoès	Jacquot (Le)	3	2	s.m.
Liger-Aubron	J'ai perdu Virginie	3	»	loc.
L. Bouvet-F. Muffat	J'attends l'huissier	3	1	s.m
Michiels	Jèrjue et Trinne	1	1	8 »
Saint-Paul	J'en ai plein le dos	3	»	s m
A. Perronnet	Je reviens de Compiègne	»	»	4 »
Beroicat	Jeunesse de Béranger (La)	3	»	6 »
B. Lebreton	Jeunesse de Hoche (La)	6	6	s.m.
De Marsan	Jour de gloire est arrivé (Le)	»	»	s.m.
Eugène Millou	Jour du seigneur (Le)	»	»	s.m.
L. Collin	Journée aux soufflets (La)	1	1	s.m.
J. Férol	J'eux de sorts (Les)	1	1	4 »
Saint-Paul-P. Avril	Labistrouille	7	1	s.m.
Soudant	Lâchée	3	2	s.m.
Desormes	Ladrée	5	»	s.m.
Saint-Paul	Leçon de musique (La)	1	1	4 »
Dourel-Herbel	Leroy s'amuse	3	3	s.m.
	Le trimard est un gaffeur	2	2	loc.

AUTEURS	TITRES DES ŒUVRES	Hommes	Femmes	PRIX nets
Verneuil	Loupiot (Le)	2	»	s.m.
Dourel-Herbel	Lucien est m boule!	3	1	s.m.
L. Dottin et Darville	Ma belle-mère a la Pécolle	4	3	s.m.
Moreau-Gramet	Ma Colonelle	2	2	loc.
Wachs	Madame le docteur	2	1	4 »
Lebreton-St-Paul	Mademoiselle le docteur	3	2	s.m.
V. Roger	Mademoiselle Louloute	2	2	5 »
Lambert-Lebreton	Ma Femme à toujours raison	1	1	s.m.
B. Lebreton	Ma Femme fait la noce	3	3	s.m.
L. Dourel et L. Ferrier	Magnétisé sans le savoir	2	2	loc.
F. Lémon-L Schmol	Maires	7	5	loc.
J. Robleu, L. Yody et E. Gauget	Maison du Crime (La)	4	2	s.m.
Talexy	Maître Grelot	4	1	6 »
Bouvet	Major Purjotin (Le)	4	3	s.m.
Daniel Jourda	Maman	3	1	s.m.
B. Lebreton	Mam'zelle Baïonnette	3	3	s.m.
T'ar Némo-Celval	Mam'zelle Culot	troupe	»	6 »
De Champclos-Jacquin	Mam'zelle Phryné	3	1	s.m.
L. Bouvet et Dottin	Mannequin (Le)	3	2	s.m.
Jan Pierre et Morelo	Manœuvre électorale	3	»	s.m.
Lebreton et Pacra	Maquignon (Le)	5	4	s.m.
De Marsan	Marchand de cochons et le dépendeur d'andouilles (Le)	3	3	s.m.
Jouhaud	Mariages riches	1	1	3 »
Tollet-Frot	Marié sans l'être	4	»	3 »
Moreau-Duroc	Maris jaloux (Les)	5	2	s.m.
Simiot	Mariés de Nanterre (Les)	1	2	4 »
Beissier-Sciama	Mars et Vénus	3	2	loc.
Millou	Matinée du Prince (La)	3	3	s.m.
A. Verse	Matuvu fait des béguins	5-5	4 ou 4	s.m.
Marius Verd	Mauvais Lapin	3	3	s.m.
M. de Lagarde	Mèche (La)	3	2	s.m.
Moreau-Boucherat	Medjidié (Le)	3	1	loc.
Lebreton et E. Pacra	Méli-Mélo de Godillots	3	2	s.m.
C. André	Melon (Le) (monologue saynète)	1	»	2 »
De Marsan	Ménage Blésimard (Le)	3	2	s.m.
Lebreton-Moreau	Ménage d'artistes	6	5	s.m.
Moreau-Darsay	Ménage Poire (Le)	2	2	s.m.
Desormes	Menu de Georgette (Le)	3	2	8 »
Soudant-Moreau	Mimi Vadrouille	troupe	»	loc.
Mevrargue	Modern Styl	2	2	s.m.
L. Rivaux	Mon Oncle et ma Tante	4	3	s.m.
De Marsan	Monsieur Babolin	3	2	s.m.
De Marsan	Monsieur de chez Maxim's (Le)	4	3	s.m.
Paul Vallès	Monsieur Dutrognon	4	1	s.m.
E. Bessière	Monsieur l'Inspecteur	2	4	s.m.
Garnier-Vallès	Monsieur ma belle-mère	2	3	s.m.
L. Rivaux	Monsieur Pâtemolle	2	2	s.m.
J. Marsèle	Monsieur Sourd (Le)	3	2	s.m.
Moreau-Touzé	Mouche du Coche (La)	4	2	s.m.
Jourda	Moyen de l'être (Le)	1	1	s.m.
A. R. Darval	Mystère du Tunnel (Le)	4	4	s.m.
Desormes	Nègre de la Porte-St-Denis (Le)	4	3	loc.
L. Dottin et G. Touzé	Nègre pour rire	3	2	s.m.
E. Lhuillier	Nez enchanté (Le)	1	1	3 »
Herpin	Noce à Grospoulot (La)	5	7	loc.
F. Barbier	Noce à Suzon (La)	1	1	5 »
E. Beissière-Noter	Noces de Lambiston (Les)	5	2	loc.
L. Collin	Noces d'or (Les)	2	1	5 »
Moreau-Rivaux	Nommé Baluche (Le)	1	2	loc.
St-Paul et Rose fils	Nos Docteurs	3	2	s.m.
Moreau-Gramet	Nos petites Chattes	3	4	loc.
V. Roger	Nourrice de Montfermeil (La)	2	3	6 »
G. Rose fils	Nous allons chez les Durand	1	1	s.m.
Touzé Prud'homme	Nuit de noces de Beauflanchet	6	4	loc.
F. Borsuyt	Nuit de Noël	2	2	s.m.
Charles Seider	Octave le chaste	3 ou 2	3 ou 2	s.m.
Rose père	Omelette au Lard (L')	4	2	s.m.
G. Rose et Ryvez	Oncle Dubois (L')	4	3	s.m.
Dedé fils	Oncle et Neveu	3	»	3 »
Louis Bouvet	Oncle Mabonlin (L')	4	4	loc.
Saint-Paul	On parle anglais	5	6	loc.
Henry Gambart	O. N. P. D. B	2	2	s.m.
Bessière-Ruffier	Ordonnance Beznchet (L')	2	2	s.m.
St-Paul-G. Rose fils	Ordonnance malgré lui	4	2	s.m.
Saint-Paul	Oscar est détraqué	4	1	s.m.
Pacra-Emmecé	Où est le père?	3	4	s.m.
Duflis	Paille et la Poutre (La)	3	2	6 »
Robert-Laurent-Jutin	Par Amour	3	2	s.m.
L. Rivaux	Parachute (Le)	2	2	s.m.
Febvre-Gréhon	Paris sans tailleurs	7	4	s.m.
F. Barbier	Par la fenêtre	1	1	4 »
De Marsan	Partie carrée	2	1	s.m.
B. Lebreton	Parties fines	4	4	s.m.
Ed. Lhuillier	Pasquinette	1	1	3 »
Ch. Esquier	Passes magnétiques	2	2	s.m.
H. Moreau-E. Brasseur	Peau-Rouge de la Bastille (Le)	4	2	s.m.
Rose fils	Peintre de talent	3	2	s.m.
Moreau-Darsay	Pension Carabin (La)	5	2	loc.
L. Bouvet	Pensionnat St-Amour (Le)	2	4	loc.
Offenbach-Roques	Péri-Colle (parodie de Péricole)	2	2	2.50
Lebreton-St-Paul	Péril jaune (Le)	2	2	s.m.
E. Warmoès	Permission de Binjot (La)	3	1	loc.
V. Jancey et J. Laroche	Permission de minuit	3	2	s.m.
H. Moreau-Soudant	Permission de la nuit	3	4	s.m.
Tréblat-St-Cyr	Personne	1	1	s.m.
Landay	Pet III Pet III	3	2	s.m.
B. Lebreton	Petit factionnaire (Le)	4	3	5
L. Collin	Petit Spahis (Le)	3	3	5
Gribinski	Petite Etoile	3	2	s.m.
Bouvet-Saint-Paul	Petite Pli (La)	3	2	s.m.
Léon Jancey	Petite Guerre (La)	3	2	s.m.
L. Bouvet-Muffat	Petites Actrices (Les)	3	2	s.m.
Lebreton-Moreau	Petits Zouzous (Les)	troupe	»	loc.
André	Picolin (Le)	1	1	2 »
C. Martin et E. Dubem	Pilules du Docteur (Les)	4	3	s.m.
Lebreton-Beissier	Piston de Clémentine (Le)	3	3	s.m.
Schmoll	Pitou	3	2	loc.

Auteurs	Titres des œuvres	Hommes	Femmes	Prix nets
Lucien Rivaux	Placide et Pothin	3	2	s.m.
Herbel-Dourel-Roydel	Plaquée	3	3	s.m.
H. Barbé	Plus que 1069 jours	3	1	s.m.
F. Barbier	Points jaunes (Les)	1	4	5 »
Desfossez-Piccolini	Pommes d'amour (Les)	6	2	loc.
Marius Verd	Poses faciles (Les)	2	4	s.m.
Duhem-L. Martin	Potache en goguette (Le)	4	1	loc.
F. Barbier	Poupée automate (La)	1	3	5 »
G. Rose fils et G. de Nola	Pour avoir la dot	2	2	s.m.
St-Paul-Rose fils	Pour avoir la fille	4	2	s.m.
A. Lambert, B. Lebreton	Pour être papa	2	2	loc.
C. Roland	Pour le guérir	1	2	s.m.
P. St-Philippe-A. Verse	Pour pincer Eliane	3	2	s.m.
Fay	Pour qui le gosse ?	2	3	s.m.
Lebreton St-Paul	Pour qui votait-on ?	4	2	s.m.
Ibels Rouzier Dorcière	P.P.C. ou petits trous pas chers	3	3	s.m.
A. Lambert	Première brouille (La), comédie	»	1	s.m.
Saint-Paul-P. Avril	Première scène	2	3	s.m.
F. Barbier	Prem ères armes de Parny (Les)	1	3	5 »
L. Bouvet-G. Arribat	Prends mon Oncle	4	2	s.m.
G. Rose fils-H. Ryvez	Prestige de l'uniforme (Le)	4	2	s.m.
L. Potier, R. Dubreuil	Prise de la Bastille (La)	4	1	s.m.
Moreau	Professeur de chant (Le)	1	1	3 »
De Marsan	Pucelle de Mézidon (La)	3	3	s.m.
Henry Gambart	Pupille du charcutier (La)	3	3	s.m.
Lebreton	Quatre hommes et un Caporal	5	3	s.m.
André Mesnil	Que la fête commence !	5	6	loc.
G. Rose fils-H. Ryvez	Que Madame n'en sache rien	2	2	s.m.
Delilia-Héros	Qui va à la chasse	2	1	s.m.
L. Collin	Qui se dispute s'adore	1	1	3 »
St-Paul-G. Rose fils	Qui veut la fin	2	1	s.m.
L. Bouvet-F. Muffat	Rabiot (Le)	3	1	s.m.
Léon Jancey	Ra ! Fla !!	2	1	s.m.
Villebichot	Réponse du Berger (La)	1	1	4 »
Jacoutot	Retour de Kerdrec (Le)	2	1	4 »
Mengé	Retour de Margotte (Le)	1	1	4 »
L. Collin	Retour de Musette	1	1	5 »
A.-R. Darval	Revanche du Coucou (La)	4	4	s.m.
De Marsan	Revenant de la rue de la Pompe (Le)	5	5	s.m.
Lebreton	Revue à l'envers (La)	4	1	loc.
Saint-Paul	Revue interdite	4	1	loc.
Lhuillier	Risette	»	1	s.m.
Yvel et Briollet	Roi Koku (Le)	troupe	»	loc.
Desormes	Roland furieux	3	2	4 »
L. Bouvet, H. Darsay	Ronde de Pékin	3	2	s.m.
L. Desormes	Romance impossible (La)	2	»	4 »
Michiels	Rosière d'Interlaken (La)	1	1	4 »
Jancey	Sabre et plumeau	1	1	s.m.
Rose fils-Bouveret	Sacré Cake-Walk	3	2	s.m.
L. Rivaux	Sacré jour de l'an	6	1	loc.
L. Bouvet-G. Arribat	Sacré Jules	2	2	s.m.
Briollet-Tinant	Sacré Vermillon	3	1	s.m.
B. Lebreton, J. Lebreton	Sacrée Nounou	3	3	s.m.
A.-R. Darval	Saint Abelard	3	4	s.m.
H. Moreau-Arnould	Saint Antoine malgré lui	5	5	s.m.
P. Lefaure	Saint-Prosper (La)	2	2	s.m.
L. Bouvet-G. Arribat	Salade d'Ordonnances	3	2	s.m.
Lebreton-J. Lebreton	Salade de Gendarmes	3	2	s.m.
Champavert-Robin	Sandrina	3	2	s.m.
Marc Sonal	Satyre de Montretout (Le)	5	1	s.m.
L. Dottin	Sauvage malgré lui	4	1	s.m.
R. Planquette	Serment de Mme Grégoire (Le)	1	1	5 »
Lebreton-Soudant	Serment du marin (Le)	4	1	s.m.
Ouvrier	Simone et Boquillon	4	1	5 »
Lebreton-St Paul	Singeries de l'Amour (Les)	4	2	loc.
Lucien Rivaux	Si vieillesse savait	2	2	s.m.
B. Lebreton-H. Darsay	Sœur du Cabotin (La)	4	2	s.m.
R. Buffière-Malfait	Soirée bourgeoise	2	2	loc.
Leserre	Soirée d'amateurs (pochade)	5	»	s.m.
Lebreton-Moreau	Soldat !	5	5	s.m.
H. Gilbert	Son Amant	2	1	s.m.
H. Gambart et M. Motet	Soucis de la paternité (Les)	2	1	s.m.
Meyan	Soupirs du cœur	1	2	s.m.
Briollet Tinant	Source merveilleuse (La)	4	2	s.m.
Damaré-P. Laurey	Sous-Préfet de Pézenas (Le)	3	2	s.m.
Ch. Malo	Souviens-toi de Clémentine	2	1	4 »
Moreau-Darsay	Spiritisme des familles	4	3	s.m.
D. Jourda-A. Kesler	Stratagème !	4	3	s.m.
Tac-Coen	Suzette, Suzanne et Suzon	1	3	4 »
Mauzin	Syndicat des marchands de marrons (Le)	5	3	s.m.
A. Mesnil	T'amuses-tu Pingot	6	»	s.m.
Levavasseur	Tante d'Amérique (La)	3	3	s.m.
C. Rolland	Ta pomme, Paris	3	10	loc.
Wachs	Tata chez Toto	2	1	4 »
G. Hervé-Fabrice	Témoin	4	3	s.m.
Lempereur et Primard	Témoin (Le)	3	1	loc.
Daniel Jourda	Termes de César (Les)	2	1	s.m.
St-Paul et Rose fils	Terrible affaire	3	2	loc.
Briollet-Cerny	Testament Cracfort (Le)	9	1	s.m.
Marc Sonal	Théophile	2	3	s.m.
B. Lebreton-E. Blairat	Tisane des Boërs (La)	3	2	3 »
Chassaigne	Toc	2	2	3 »
Hervé	Toinette et son carabinier	2	1	5 »
G. Lebreton	Tombeur de l'Escouade (Le)	3	2	s.m.
Blanchard de la Bretesche	Torero de Lolotte (Le)	5	5	loc.
M. Guillemaud	Toto la Rincette	5	5	loc.
Wachs	Totor et Titine	1	1	4 »
Cartier	Train de Maris (Le)	2	2	4 »
Moreau-Duroc	Tranquil'hôtel	5	4	s.m.
Moreau-Darsay	Trente mille francs par an	2	2	loc.
B Lebreton-St-Paul	Tringlots (Les)	4	3	s.m.
H. Gilbert	Tri le alliance (La)	5	2	s.m.
Lebreton-Tranchant	Trois Divorces (Les)	5	3	s.m.
Lebreton-Téramond	Trois Gosses (Les)	4	4	loc.
Bouvet	Trois hercules pour une femme	3	2	s.m.
Bessière	Troisième du trois (La)	6	6	loc.
Bossuyt-Bouveret	Trio d'Apaches	3	2	s.m.
A. Dumo et E. Pacra	Trio de Vertus	4	2	s.m.
L. Bouvet et G. Arribat	Troublante énigme	3	3	s.m.
Henry Gambart	Trougnol est un modeste	3	3	s.m.
Rose fils et Ryvez	Trouvez un père	4	5	s.m.
Guillemaud-de Marsan	Truc de Binochet (Le)	3	2	s.m.
Lambert-Lebreton	Truc du pharmacien (Le)	4	1	loc.
Daniel Jourda	Tu le seras	2	2	s.m.
Javelot	Un amour d'épicier	2	1	4 »
Bessière	Un attentat au bois	2	2	s.m.
P. Lefaure	Un beau-père criminel	3	2	s.m.
Gardet-Lannoy	Un bon ami	2	1	s.m.
D. Fay	Un bon tuyau	9	4	s.m.
H. Barbé-G. Touzé	Un cas d'amnésie	3	2	s.m.
P. Henrion	Un charcutier dans les fers	1	1	4 »
De Marsan	Un client pas sérieux	4	3	s.m.
Chassaigne	Un Coq en jupons	4	»	4 »
L. Bouvet-Arribat	Un cousin dans les cuirassiers	3	2	s.m.
Banès	Un do malade	2	1	5 »
Wachs	Un domestique pour rire	1	1	4 »
Moreau-Gramet	Un dragon pour deux	3	2	s.m.
L. Roy	Un épicier peu commode	4	2	loc.
P. Laureus	Un futur sur le gril	2	1	4 »
Ch. Malo	Un gendre à poigne	4	2	5 »
H. Levavasseur	Un grand criminel	4	2	s.m.
Péricaud	Un hercule qui ne veut pas se rouiller	2	1	loc.
Lambert et Lebreton	Un huissier en homhe	3	3	s.m.
Saint-Paul	Un jour d'audace	4	2	s.m.
Gambillard	Un mariage à la force du poignet	1	1	3 »
Ch. Malo	Un mariage au flageolet	1	1	4 »
F. Bernicat	Un mari à l'essai	1	1	4 »
Péricaud	Un mari en grande vitesse	3	1	4 »
Moreau-R. Parault	Un mari somnambule	2	2	s.m.
L. Collin	Un mauvais conscrit	2	»	4 »
B. Vallée-E. Garnier	Un Monsieur qui frotte	4	1	s.m.
Lebreton-St-Paul	Un Oncle pour deux	3	2	s.m.
Chassaigne	Un 1er jour de ménage	1	1	4 »
Mayrargue	Un Sauvetage	3	3	s.m.
F. Barbier	Un souper chez Mlle Contat	»	2	6 »
Bernicat	Une aventure de la Clairon	2	2	6 »
Gambart-Charpentier	Une belle-mère à condition	3	3	s.m.
Eugène Millou	Une bonne Tante	2	1	s.m.
Garnier-Vallès	Une corbeille de Noce	5	3	s.m.
E. André	Une drôle de Marquise	2	1	3 »
Jounaud	Une femme du quart du monde	2	1	4 »
M. Sonal-V. Gréhon	Une femme pour six sous	3	3	s.m.
L. Roques	Une femme tombée du Ciel	1	1	5 »
Villebichot	Une fille à trucs	3	1	4 »
Liouville	Une fille en loterie	2	1	4 »
Touzé-Montjardin	Une intrigue chez les Mouchamiel	2	3	s.m.
Desormes	Une lune de miel normande	1	1	4 »
L. Colin	Une mariée sans mari	1	1	4 »
Ed. Lhuillier	Une marine à la vapeur	1	1	3 »
Desormes	Une mauvaise connaissance	3	2	5 »
Moreau-Darsay	Une mauvaise nuit	2	2	loc.
Bouvet-Darantière	Une nuit de manœuvres	5	4	s.m.
St-Paul et M. Lupin	Une nuit d'ivresse	2	1	s.m.
Duhem	Une partie à Robinson	2	2	4 »
L. Martin	Une partie de pêche	5	4	loc.
Lebreton-St-Paul	Une petite Femme en or	3	3	s.m.
Wachs	Une pleine eau à Chatou	2	1	4 »
Bernicat	Une poule mouillée	1	1	4 »
Lebreton-St-Paul	Une Rosserie	2	2	s.m.
Chassaigne	Une table de café	2	1	4 »
Robillard	Une tempête conjugale	1	1	4 »
R. Planquette	Valet de cœur (Le)	1	1	5 »
Saint-Paul	Vase de Soissons (Le)	3	2	s.m.
Robillard	Vengeance de Ramolli (La)	2	1	4 »
L. Roydel et Jost	Vermouth et tilleul	2	2	s.m.
L. Jancey	Viens mon Tonton	1	1	s.m.
Bouvet-Arribat	Vieux, le Melon et le Rat (Le)	4	3	s.m.
Lebreton-St-Paul	Vingt-cinq minutes d'arrêt	2	2	s.m.
Vallès-Talber	Vingt-huit jours de Gorenflot (Le)	7	4	loc.
Normand-Vallès	Vive les Bleus	4	3	loc.
De Marsan	V'nez donc nous voir	4	3	s.m.
Lebreton-Moreau	Vocation d'Isoline (La)	1	1	s.m.
Jacobi	Voilà l'plaisir, mesdames	1	1	s.m.
Talber Delattre	Volupté des Dames (La)	4	1	s.m.
Bouveret-Bossuyt	Voyage pendant la noce (Le)	3	2	s.m.
L. Valbert-A. Verse	Y a du coton	7	6	loc.

Livrets d'opérettes et de vaudevilles en 1 acte, net : 1 franc ; ceux en 2 actes : 2 francs, net

Limoges, Imp. Commerciale PERRETTE. — G. Marfisi, Représentant, 65, rue Marcadet, Paris (X°)

9 782019 935856